Este livro pertence a:

....

....

Oração de Criança

EDITORA
SANTUÁRIO

Direção Editorial:
Pe. Marcelo C. Araújo, C.Ss.R.

Coordenação Editorial:
Ana Lúcia de Castro Leite

Texto:
Pe. Ivo Montanhese, C.Ss.R.
Pe. Flávio Calvaca de Castro, C.Ss.R.

Projeto gráfico e ilustrações:
Junior dos Santos

ISBN 85-7200-550-1
1ª edição: 1985

71ª impressão

Todos os direitos reservados à **EDITORA SANTUÁRIO** — 2021

Rua Pe. Claro Monteiro, 342 – 12570-000 – Aparecida-SP
Tel.: 12 3104-2000 – Televendas: 0800 - 0 16 00 04
www.editorasantuario.com.br
vendas@editorasantuario.com.br

É bom orar

O que é orar
Como orar
Quando orar

A oração é um encontro de amor

Deus ama você.

Deus ama você com um amor maior que o amor da mamãe e do papai. Foi por isso que Deus criou você e quer você feliz. Foi por isso que Deus criou tudo o que existe. Deus é bom.

Foi Jesus quem nos ensinou que Deus é nosso PAI. Jesus mesmo chamava Deus de ABBA. Essa palavra, na língua dele, quer dizer PAPAI.

Você também pode chamar Deus de Pai. Pode confiar nele, porque Ele quer ajudar você a ser feliz.

A ORAÇÃO É NOSSO ENCONTRO COM DEUS. Ele nos ama e compreende. Você pode falar com Ele, pode dizer com toda simplicidade que o quer bem, que está contente porque Ele é seu Pai. Pode dizer que precisa dele. Você pode conversar com Ele para dizer até o que nem era preciso dizer, porque Ele é seu amigo. Ele vê dentro de seu coração e sabe tudo antes de você dizer. Mas Ele quer conversar com você. ORAÇÃO É FICAR PERTO DE DEUS.

Você pode estar sempre junto de Deus. Mas, pelo menos de vez em quando, você precisa prestar mais atenção em Deus. Conversando mesmo com Ele. E conversar é falar e ouvir.

Oração é:

- estar com Deus
- ouvir o que Ele diz
- dizer que você o quer bem
- agradecer o que Ele fez por você
- pedir o que você precisa
- pedir perdão.

Como conversar com Deus

É só Deus mesmo que pode ensinar você conversar com Ele. Contanto que você escute e responda. A gente aprende conversar conversando.

- **Converse sempre com Deus**, em qualquer lugar, sempre que você se lembrar dele. Converse no coração. Ninguém precisa saber que você está conversando com Deus.

- **De vez em quando pare um pouco**, para conversar mais devagar com Deus. Para não se esquecer, marque esse encontro com Deus. E dê um jeito de não faltar.

- **Arranje um lugar quieto** para sua conversa com Deus.

- **Comece pedindo que Ele ajude na conversa.** E depois deixe um tempinho para Ele falar. Aos poucos Ele vai ensinar a você muitos jeitos de conversar com Ele.

- **Para ouvir Deus você pode ler um pouco.** Ou do Evangelho ou deste livrinho, ou de qualquer outro. Mas não leia só com os olhos. Leia com a boca e com o coração. Leia devagar.

- **Procure ver o que Deus quer de você**, o que Ele acha das pessoas, dos acontecimentos e das coisas.

- **Vá respondendo e dizendo** o que você pensa, o que você quer, o que está faltando, se você está alegre ou triste.

- **Para ajudar na conversa**, você pode ir repetindo bem devagar alguma oração que você sabe de cor, ou alguma oração deste livrinho. Ou até pode cantar alguma coisa.

- **De vez em quando fique em silêncio** para deixar Deus falar e responder para você.

- **Fale também com o seu corpo.** Com sua posição mostre o que você está fazendo. Faça gestos. Feche os olhos se isso ajudar você a prestar mais atenção.

- **Quando acabar a oração**, a sua conversa com Deus, agradeça o encontro e prometa voltar logo.

Sempre converse com Deus!

Nas páginas seguintes você vai encontrar algumas orações que podem ajudar você a conversar com Deus. Será bom que você aprenda algumas de cor. Elas estão escritas num quadro azul.

Não é preciso rezar todas cada vez, como quem dá conta de uma tarefa. Escolha as que mais lhe agradarem. O importante é orar bem. A quantidade não tem importância.

Meu dia com Deus

Oração da manhã

Logo que acordar, pense em Deus. Peça que Ele abençoe seu dia que começa. Diga que você quer estar sempre com Ele. Diga isso com palavras e gestos:

† *Em nome do Pai*
e do Filho
e do Espírito Santo

Você tem diante de si mais um dia, mais um presente de Deus.
Agradeça a Ele:

*Meu Deus,
agradeço porque
tenho a vida.
Tenho mais um dia.
Quero usar bem
esse presente
que o Senhor me dá.*

E, agradecendo, ofereça a Deus o seu dia:

Meu Deus, eu lhe ofereço todo este meu dia. Ofereço ao Senhor os meus trabalhos e os meus brinquedos. Tome conta de mim para que eu não faça nada que o aborreça.

Agora diga bem devagar a oração que Jesus nos ensinou:

Pai nosso,
que estais no céu,
santificado seja o vosso
nome, venha a nós o
vosso Reino, seja
feita a vossa vontade,
assim na terra
como no céu.

O pão nosso de cada dia nos dai hoje. Perdoai as nossas ofensas assim como nós perdoamos a quem nos tem ofendido. E não nos deixeis cair em tentação mas livrai-nos do mal.

Peça que Jesus esteja sempre com você, para que você possa viver sempre em união com Deus e com os irmãos. Diga mais ou menos assim:

Jesus, você é meu Amigo e pode me fazer feliz.
Eu preciso de sua ajuda.
Só assim posso conhecer o bem e fazer o que é certo.
Ajude-me a fazer o bem para todos.

Maria é a mãe de Jesus e é também nossa mãe. Diga que você lhe quer muito bem e espera sua ajuda:

Ave, Maria,
cheia de graça,
o Senhor é convosco,
bendita sois vós entre as
mulheres e bendito é o
fruto do vosso ventre: Jesus.
Santa Maria,
Mãe de Deus,
rogai por nós pecadores,
agora e na hora
de nossa morte.

Peça que Deus abençoe todas as pessoas:

– papai e mamãe,
– os irmãozinhos,
– os parentes e amigos,
– o papa, o bispo, o vigário,
– os doentes...

Para se lembrar, complete a lista:

– ....

– ....

– ....

– ....

– ....

– ....

Para terminar, entregue-se nas mãos de Deus. Peça que hoje você possa ser uma bênção para todos os que você encontrar:

> *Pelo sinal da Santa Cruz, livre-nos Deus, nosso Senhor, de nossos inimigos: Em nome do Pai e do Filho e do Espírito Santo. Amém.*

Lembre-se de pedir a bênção do papai e da mamãe dizendo:
– Sua bênção, papai!
– Sua bênção, mamãe!

Oração da mesa

Sem o alimento não podemos viver. Sem uma boa alimentação não podemos ter boa saúde.

A comida que temos é um presente de Deus para nós. Papai, mamãe e muitos outros trabalham para termos o que comer. Mas tudo vem de Deus.

Há muitos que não podem trabalhar; muitos não têm emprego; muitos não ganham o suficiente. Por isso muitos passam fome.

A hora da refeição é uma boa ocasião para agradecer a Deus, pedir pelos que trabalham por você, lembrar dos que passam fome.

Convide seus pais e seus irmãozinhos para rezarem juntos, antes e depois das refeições.

Reze mais ou menos assim:

Antes de comer

Meu Deus,
eu agradeço ao Senhor
este alimento que sua
bondade nos dá.
Dê também o necessário
para todos.
Abençoe os que trabalham
para termos o que comer.

Ou:

*Meu Deus,
abençoe esta comida
que temos.
Nós lhe agradecemos.
Faça que haja mais
justiça, mais bondade
e todos tenham
o que comer.*

Seria bom também rezar agora o PAI-NOSSO.

Depois de comer

Senhor, eu lhe agradeço
este alimento.
Que nunca falte
a comida
na nossa mesa.

Ou:

Meu Deus, abençoe
todos que trabalharam
para eu ter o que comer.
Ajude-me a fazer sempre
o bem para todos.

Oração do estudo

Antes do estudo ou da aula:

Jesus,
você nos mostra o Pai.
Por sua causa, tudo foi criado:
as pessoas e as coisas.
Ajude-me no estudo, para
que eu possa conhecer mais
as coisas, as pessoas,
o Pai do céu.

Depois da aula ou do estudo:

Jesus, eu pude aprender tantas coisas.
Abençoe as pessoas que me ensinaram a conhecer a verdade, o bem, a beleza.
Ajude os que não podem estudar,
mas poderiam ser muito melhores
do que eu.

Oração do brinquedo

Meu Deus,
é gostoso brincar.
E mais gostoso ainda é
brincar com outras crianças.

Brincando, eu quero mostrar como o Senhor é bom.

Por isso vou ser alegre. Vou mostrar amizade. Vou cuidar de quem é menor.

Vou ajudar os grandes a encontrarem de novo a alegria.

Vou brincar como o raio de sol que faz o mundo mais bonito.

Oração da noite

Agora está na hora de dormir.
Durante o dia você fez tantas coisas.
Agora pode parar um pouco para pensar e para orar.

Veja como foi o seu dia:
- Você se lembrou de Deus? Que hora?
- Procurou fazer o que Ele queria?
- Como tratou as pessoas?
- Ajudou quem precisava? Perdoou?
- Você foi hoje uma bênção para todos?
- Foi alegre? Teve paciência?
- Estudou, trabalhou, brincou direitinho?

Reze mais ou menos assim:

Meu Deus,
mais um dia se acabou.
Eu lhe agradeço tudo
o que aconteceu hoje.
Fique comigo nesta noite.
Quero dormir com
sua bênção e a bênção
de meus pais.
Maria, minha Mãezinha,
peço-lhe a bênção também.
Meu anjo da guarda
proteja o meu sono.

Ou assim:

*Meu Deus,
eu agradeço este dia.
Agradeço pelo bem
que os outros me fizeram
e pelo bem que pude fazer.
Peço perdão pelo
que não fiz direito.
Amanhã, com sua ajuda,
quero ser melhor.*

Ou assim:

Agora tudo está quieto.

*É tempo de descansar.
Meu Deus, enquanto
durmo, olhe o meu sono
e olhe por mim.
Olhe também por todas as
crianças, principalmente por
aquelas que não têm um
papai, ou uma mamãe,
nem casa para morar.*

Agora você pode rezar o PAI-NOSSO ou a AVE-MARIA.

Faça bem direitinho o SINAL DA CRUZ

– Sua bênção, papai!
– Sua bênção, mamãe!
– Durmam com Deus!

Meus encontros marcados

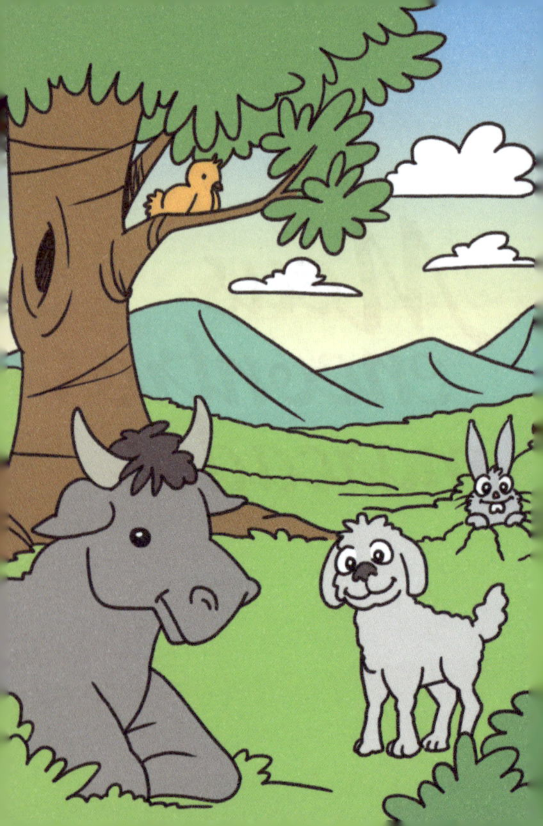

Meus encontros com Deus

Deus é nosso Pai que está no céu, na terra e em todos os lugares.

Ele nos ama muito e por isso Ele também nos criou. Gosta muito de nós e por isso escuta sempre tudo o que lhe dizemos e pedimos em nossas orações.

Mas Deus não criou só as pessoas. Criou tudo o que existe. Criou os bichos grandes e também as formiguinhas. Criou as árvores, os rios, o mar, o sol, a luz. Criou tudo, tudo mesmo.

Como Deus é bom! Ele é nosso Pai!

Pensando nisso, você pode conversar com Ele dizendo assim:

Grandeza de Deus

Meu Pai,
como o Senhor é grande,
muito maior do que a terra,
muito maior do que os céus.

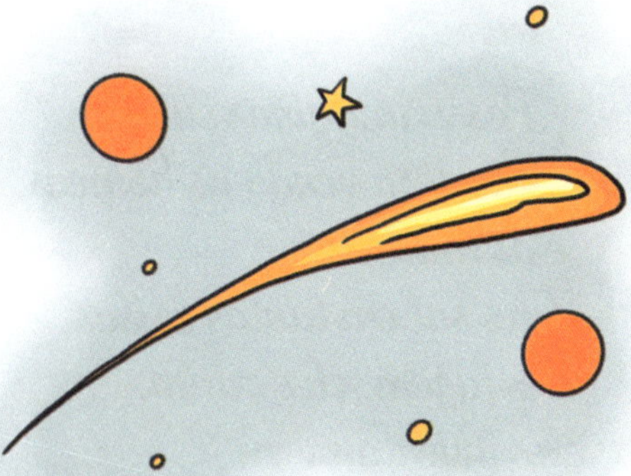

Posso imaginar
sua grandeza quando fico
olhando a lua e as estrelas
que brilham no céu.
São lindas e foram criadas
pelo poder das suas mãos.

Posso imaginar sua
grandeza vendo os homens
e as mulheres.
Eles sabem tantas coisas,
eles fazem, eles criam,
eles inventam.
Eles sabem até amar.
E tudo isso foi com o
Senhor que aprenderam.
Senhor meu Deus,
como o Senhor é grande
e como é bom!

Ou assim:

Olhando o mundo

Meu Deus,
como o Senhor é bom!
Fico alegre vendo o mundo
da janela do meu quarto.

O dia está começando,
o sol brilha colorindo tudo:
as flores do canteiro,
as árvores grandes,
a serra lá longe.

O Senhor fez tudo:
os passarinhos, as
borboletas, o cavalo...
Fez para mim as fruteiras
e o arrozal!

Como o Senhor é bom,
poderoso, inteligente.
Só o Senhor é capaz
de fazer tudo
tão bom e tão bonito.

Deus não manda por mandar. Sua Lei, seus Mandamentos são as indicações que Ele nos dá o caminho para a felicidade. Saber viver, ter sabedoria, é seguir o caminho de Deus. Pense nisso:

O caminho da felicidade

Senhor,
feliz quem não segue as
ideias dos maus,
nem vai andando em
caminhos errados.

Feliz é quem segue
e procura sempre
a sua Lei, Senhor.
Será como a árvore,
bem regada e verde,
coberta de flores
e cheia de frutas.

Senhor, não quero ser
folha seca como os maus.
Eles não são felizes
nem trazem felicidade.

Há uma coisa que a gente nunca vai poder compreender bem. É isto:

– Há um só Deus. Mas em Deus há três pessoas: PAI, FILHO E ESPÍRITO SANTO.

O PAI é Deus. O FILHO é Deus. O ESPÍRITO SANTO é Deus. Mas há UM SÓ DEUS.

Esse é o mistério da SANTÍSSIMA TRINDADE. O Pai, o Filho, o Espírito Santo formam uma comunidade de vida e de amor: estão unidos na mesma vida e no mesmo amor.

E Eles querem que você também participe dessa vida e desse amor. Querem que você viva em união com Eles e com todas as pessoas.

Vamos louvar o Pai, o Filho e o Espírito Santo:

Glória ao Pai
e ao Filho
e ao Espírito
Santo.
Como era
no princípio,
agora e
sempre.

Ou, então, ore assim:

Pai, Filho, Espírito Santo, eu os adoro como um só Deus.
De seu amor eu recebo tudo, todo o amor, todo o bem, toda a felicidade.
Sejam benditos, e que eu também tenha sempre a bênção da vida nova que me deram.

Diante da manifestação do Pai, do Filho e do Espírito Santo, diga que você acredita em todas as suas promessas:

Meu Deus, eu creio em tudo o que o Senhor quer que eu acredite. Eu quero viver sempre fazendo o que Jesus mandou fazer. Peço a fé para mim e para todos.

Podemos confiar em Deus. Diga que nele está toda a sua esperança:

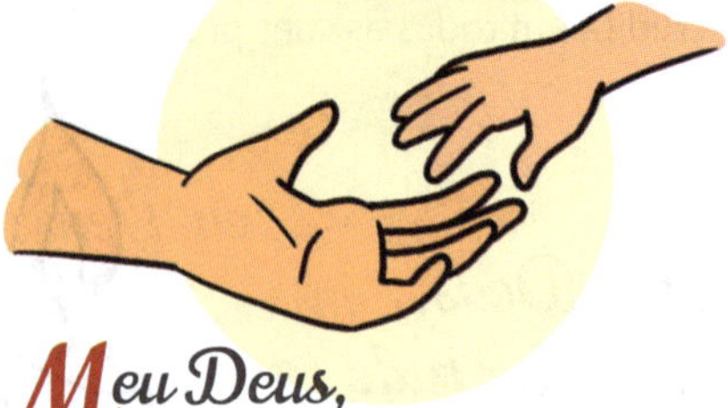

Meu Deus,
espero tudo da sua bondade.
Espero ser feliz
aqui na terra
e depois
ser feliz
para sempre
no céu.

Deus Pai, Deus Filho e Deus Espírito Santo amam você e querem que você viva no amor. Diga, então, mais ou menos assim:

Meu Deus, eu amo o Senhor. Para mim, o Senhor é o mais importante. Aumente o meu amor para que o Senhor seja cada vez mais importante para mim. Com o amor que o Senhor me deu, eu amo também todas as pessoas.

Peça que o Espírito Santo esteja sempre com você:

*Espírito Santo, fique sempre em meu coração.
Ilumine sempre a minha vida, para que eu possa conhecer o que é bom e fugir do que é mau.
Ponha no meu coração um amor cada vez maior.*

Meus encontros em certas horas

Já imaginou quanta coisa você tem de agradecer a Deus? Faça, então, uma oração de agradecimento:

Oração de agradecimento

Papai do céu,
eu quero agradecer:

* pela mãezinha que o Senhor me deu,
* pelo paizinho que tenho,
* pelos irmãozinhos e pelos amigos,

(vá lembrando as pessoas de quem você mais gosta...)

* pelas estrelas do céu,
* pelas flores bonitas
* pelas frutas tão gostosas,

(o que mais você gostaria de agradecer a Deus?)

* por tudo de bom que o Senhor me deu,

Papai do céu,
eu lhe agradeço!

Se você não está contente com o que andou fazendo hoje, este é o momento de pedir perdão de seus erros:

Oração do arrependimento

*Meu Pai do céu,
eu andei errando,
andei brigando.
Não faço as coisas direito...*

(O que foi mesmo que você andou fazendo?)

Mas, no fundo,
eu não gosto de fazer
as coisas erradas.

Por isso
eu peço perdão
e vou fazer força
para não errar
de novo,
mas fazer tudo
bem certo.

Aproveite e peça ajuda para melhorar:

Oração para se comportar bem

Jesus,
eu quero me comportar
bem hoje.
Não quero deixar ninguém
triste.

Por isso, ajude-me
a andar direito e agradar
a Deus e a todos.

Você estuda bastante? Mas ainda pode melhorar, não é mesmo? Fale com Jesus sobre seus estudos:

Oração
antes de ir para a escola

Jesus, eu vou para a escola,
 como o Senhor também foi.
Que nada me aconteça
 no caminho.
Quero aproveitar bem
 as aulas.

Quero aprender
bastante.
Não se esqueça das crianças
que não têm escola,
e abençoe os professores e
as professoras.

Oração antes de uma prova

Jesus, hoje vou ter provas
na escola.
Eu estudei bastante, mas
posso perder a calma e
esquecer tudo.

Que o Espírito Santo
me ajude para eu me sair
bem em tudo.
Ajude também meus colegas
e minhas colegas.

Oração ao sair da escola

Jesus, agradeço mais este
dia de aula. Foi bom.
Eu estudei, trabalhei e
brinquei bastante.
Agora me acompanhe até
minha casa.

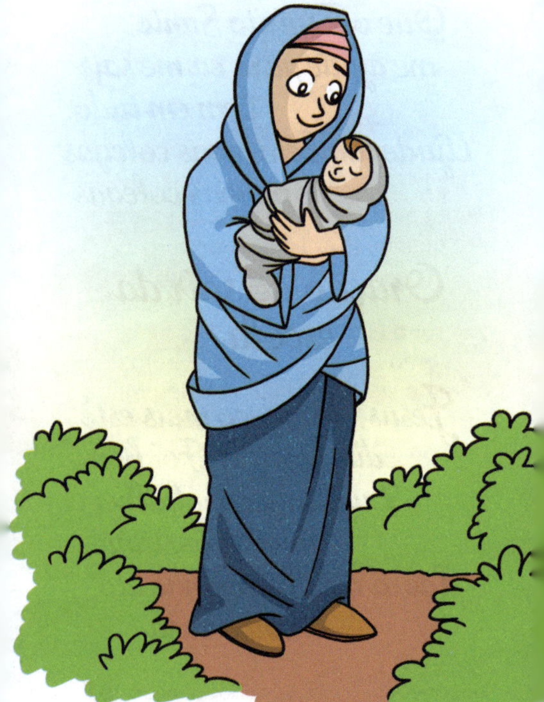

Meus encontros com Maria

Jesus teve mãe neste mundo. Seu nome era MARIA. Ela foi muito boa para Jesus. Cuidou dele enquanto era pequenino, quando já era um rapaz e até quando já era um homem.

Ficou sempre junto de Jesus até na hora em que os homens o pregaram na cruz e Ele morreu.

Como Jesus era muito bom, na hora de sua morte Ele nos deu Maria como mãe de todos nós. Por isso ela é nossa mãe também: ela está no céu, mas seu amor está sempre pertinho de nós. Ela gosta de nós como uma mãe gosta de seus filhos. Deus gosta muito de Maria e por isso ela pode nos ajudar com suas orações.

Todo o dia você deve pedir a sua proteção.

Você pode conversar com ela, dizendo assim:

Maria, Mãe de Jesus e minha Mãe.
Eu quero amar sempre a Senhora.
Peço para ser sempre a minha Mãe; eu quero ser sempre da Senhora.
Mãezinha do céu, olhe sempre por mim, por meus pais, por meus irmãos.
E ajude a todos.

Você aprendeu a rezar o terço?

Papai e mamãe podem ensinar você.

Faz muito tempo que os cristãos costumam falar assim com Maria, a mãe de Jesus:

> Salve, Rainha,
> Mãe de misericórdia.
> Vida, doçura, esperança nossa, salve!
>
> A vós bradamos os degredados filhos de Eva.
>
> A vós suspiramos, gemendo e chorando neste vale de lágrimas.

Eia, pois, Advogada nossa, esses vossos olhos misericordiosos a nós volvei!

E depois deste desterro mostrai-nos Jesus, bendito fruto do vosso ventre.

Ó clemente, ó piedosa, ó doce sempre Virgem Maria. Rogai por nós, Santa mãe de Deus, para que sejamos dignos das promessas de Cristo.

Amém.

Há uma outra oração antiga que você pode repetir:

*Santa Mãe de Deus,
eu procuro
sua proteção.
Que a Senhora me escute
e não me abandone
em minhas necessidades:
livre-me sempre
de todos
os perigos.*

Agora, é só continuar rezando sempre!

É preciso orar sempre, conversar sempre com Deus. Foi isso que Jesus ensinou. Quem está sempre conversando com Deus, vai ser sempre feliz. Vai ser uma bênção para todos.

Para aprender orar, o melhor jeito é aprender com Jesus e com a Igreja, a comunidade, a família de Jesus. Viva sempre em união com a comunidade de Jesus, tome parte nas reuniões da comunidade cristã.

Ali você vai:

**OUVIR A PALAVRA DE DEUS,
ADORAR A DEUS,
LOUVAR, AGRADECER
ENCONTRAR AJUDA
E PERDÃO,
VIDA E AMOR
NOS SACRAMENTOS,
PRINCIPALMENTE NA EUCARISTIA.**

Este livrinho é só um começo. Agora você precisa continuar, descobrindo o seu jeito de falar com Deus. Conversando é que a gente aprende a conversar. Ore sempre, em todo lugar, porque Deus está sempre com você.

É BOM ORAR 5
A oração é um encontro de amor 9
Como conversar com Deus 12

MEU DIA COM DEUS 17

Oração da manhã 19

Oração da mesa 29
Antes de comer 30
Depois de comer 32

Oração do estudo 33
Antes do estudo 33
Depois do estudo 34

Oração do brinquedo 35

Oração da noite 37

MEUS ENCONTROS MARCADOS 41

Meus encontros com Deus 43
   Grandeza de Deus 44
   Olhando o mundo 47
   O caminho da felicidade......... 50

**Meus encontros
em certas horas** 59
   Oração de agradecimento 60
   Oração do arrependimento ... 62
   Oração para se
   comportar bem 64
   Oração antes de
   ir para escola 65
   Oração antes de uma prova... 66
   Oração ao sair da escola 67

Meus encontros com Maria 69

**AGORA É SÓ CONTINUAR
REZANDO SEMPRE!** 75